Impressum
Verlag: BABADADA GmbH, Nedderfeld 112 , 22529 Hamburg
Geschäftsführer / Verlagsleitung: Harald Hof
Druck: Books on Demand GmbH, In de Tarpen 42, 22848 Norderstedt

Imprint
Publisher: BABADADA GmbH, Nedderfeld 112 , 22529 Hamburg, Germany
Managing Director / Publishing direction: Harald Hof
Print: Books on Demand GmbH, In de Tarpen 42, 22848 Norderstedt

ysgol
school

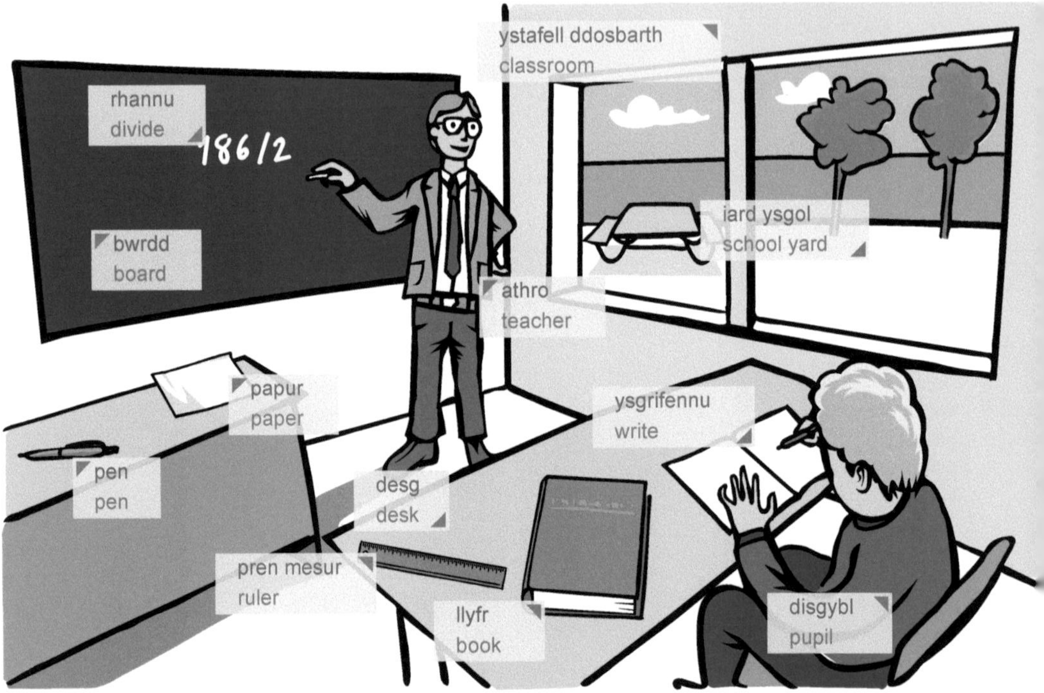
ystafell ddosbarth
classroom
rhannu
divide
186/2
bwrdd
board
iard ysgol
school yard
athro
teacher
papur
paper
ysgrifennu
write
pen
pen
desg
desk
pren mesur
ruler
llyfr
book
disgybl
pupil

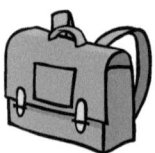

bag ysgol

satchel

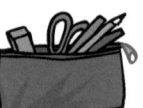

blwch penseli

pencil case

pensil

pencil

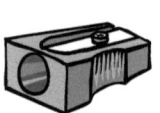

peth rhoi min ar bensil

pencil sharpener

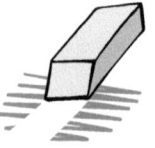

rwber

rubber

pad arlunio

drawing pad

llun

drawing

brws paent

paintbrush

blwch paent

paint box

siswrn

scissors

glud

glue

llyfr ysgrifennu

exercise book

gwaith cartref

homework

12

rhif

number

2+2

ychwanegu

add

5-2

tynnu

subtract

2×2

lluosi

multiply

cyfrifo

calculate

A

llythyren

letter

ABCDEFG
HIJKLMN
OPQRSTU
VWXYZ

gwyddor

alphabet

hello

gair

word

testun

text

darllen

read

sialc

chalk

gwers

lesson

cofrestr

register

arholiad

exam

tystysgrif

certificate

gwisg ysgol

school uniform

addysg

education

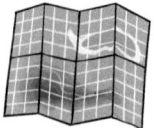

gwyddoniadur

encyclopedia

prifysgol

university

microsgop

microscope

map

map

basged papur gwastraff

waste-paper basket

teithio

travel

gwesty
hotel
Grand
hostel
hostel
ROOMS
CHANGE
swyddfa gyfnewid
bureau de change
cês dillad
suitcase
car
car

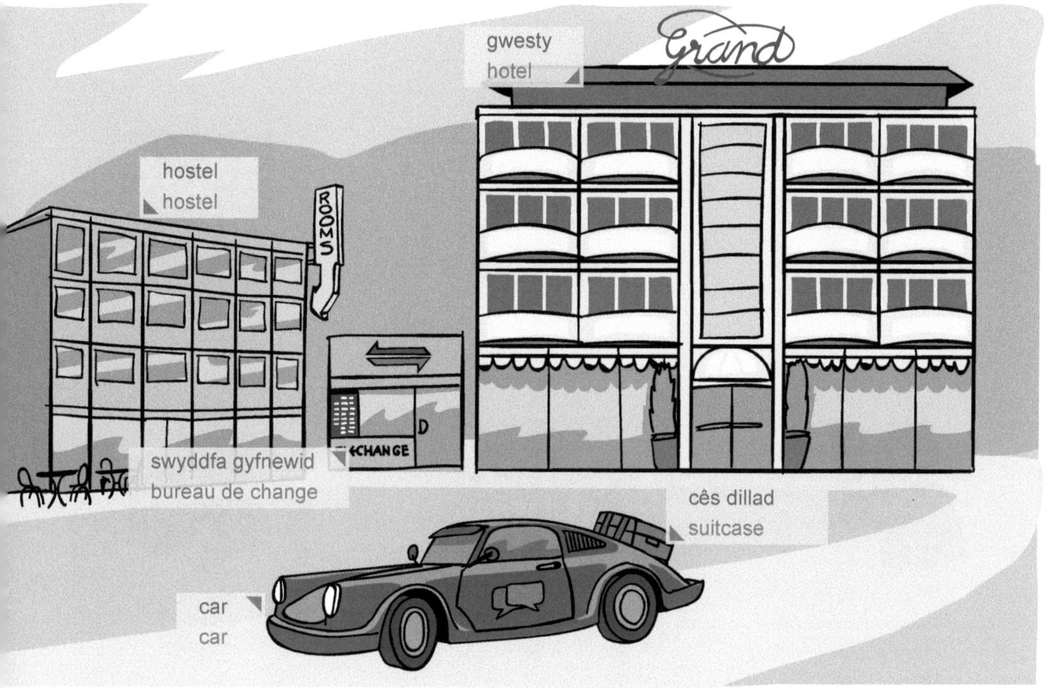

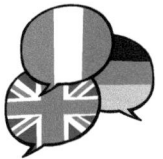

iaith

language

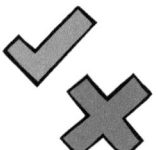

ie / na

yes / no

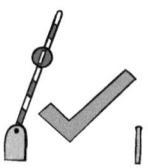

iawn

Okay

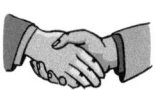

helo

hello

cyfieithydd

translator

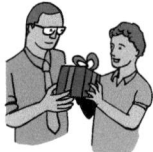

Diolch yn fawr

Thank you

faint yw ...?

how much is...?

Dw i ddim yn deall

I do not understand

problem

problem

Noswaith dda!

Good evening!

Bore da!

Good morning!

Nos da!

Good night!

hwyl

bye bye

cyfarwyddyd

direction

bagiau

luggage

bag

bag

gwarbac

backpack

gwestai

guest

ystafell

room

sach gysgu

sleeping bag

pabell

tent

gwybodaeth i ymwelwyr

tourist information

traeth

beach

cerdyn credyd

credit card

brecwast

breakfast

cinio

lunch

swper

dinner

tocyn

ticket

lifft

lift

stamp

stamp

ffin

border

tollau

customs

llysgenhadaeth

embassy

fisa

visa

pasbort

passport

cludiant

transport

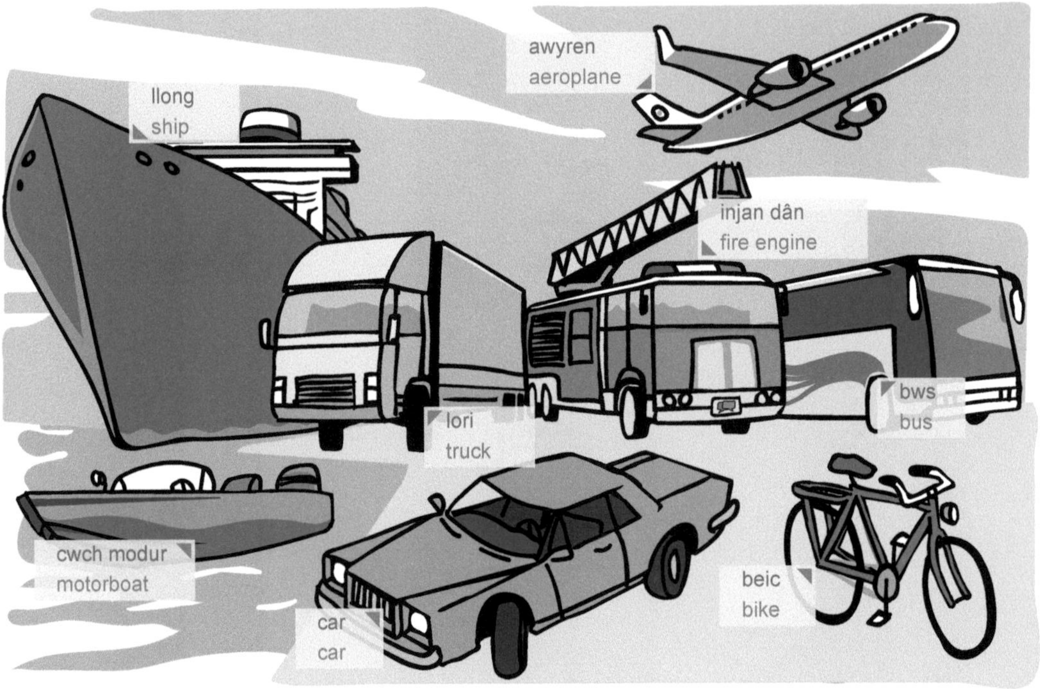
awyren
aeroplane
llong
ship
injan dân
fire engine
bws
bus
lori
truck
cwch modur
motorboat
beic
bike
car
car

fferi

ferry

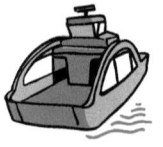

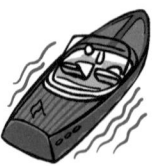

cwch

boat

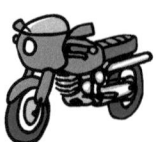

beic modur

motorbike

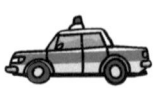

car yr heddlu

police car

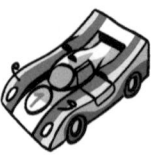

car rasio

racing car

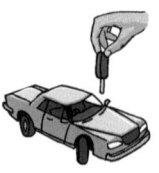

car wedi'i rentu

rental car

rhannu car

car sharing

lori tynnu

breakdown truck

lori ysbwriel

refuse truck

modur

motor

tanwydd

fuel

gorsaf betrol

petrol station

arwydd traffig

traffic sign

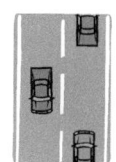

traffig

traffic

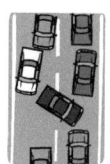

tagfa draffig

traffic jam

maes parcio

car park

gorsaf drennau

train station

traciau

tracks

trên

train

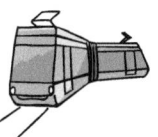

tram

tram

wagen

carriage

hofrennydd

helicopter

maes awyr

airport

tŵr

tower

teithiwr

passenger

cynhwysydd

container

paced

carton

cert

cart

basged

basket

esgyn / glanio

take off / land

dinas

city

pentref

village

canol y ddinas

city centre

tŷ

house

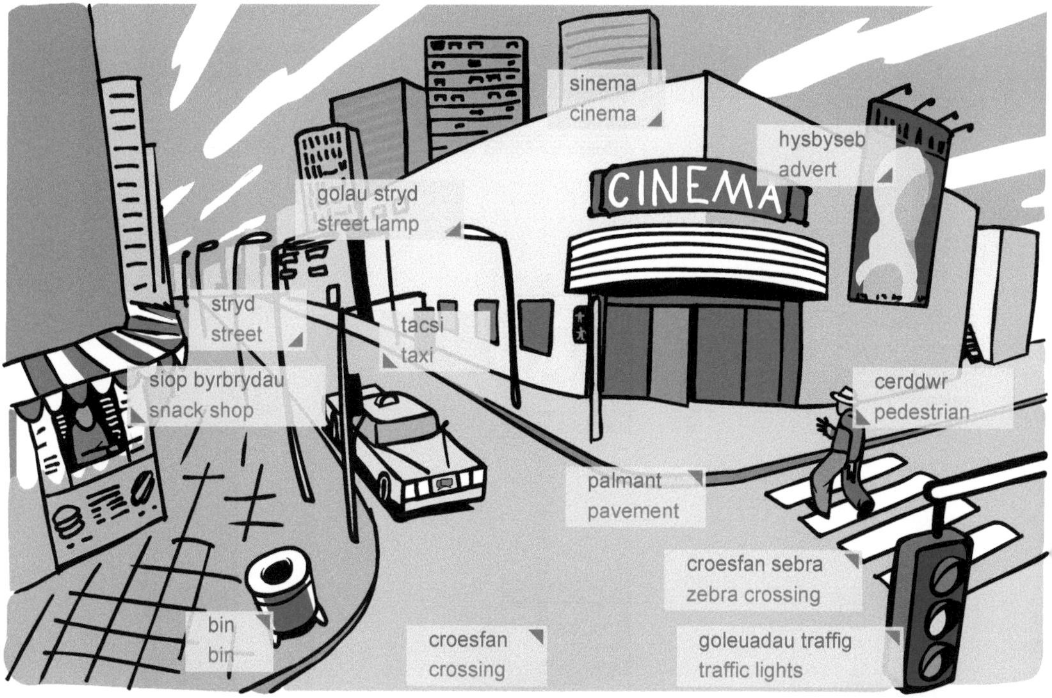
sinema
cinema
CINEMA
hysbyseb
advert
golau stryd
street lamp
stryd
street
tacsi
taxi
siop byrbrydau
snack shop
cerddwr
pedestrian
palmant
pavement
croesfan sebra
zebra crossing
bin
bin
croesfan
crossing
goleuadau traffig
traffic lights

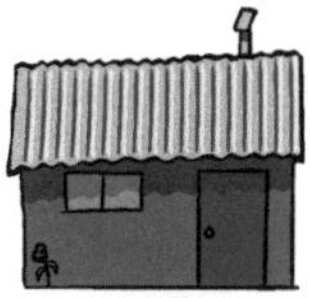

cwt

hut

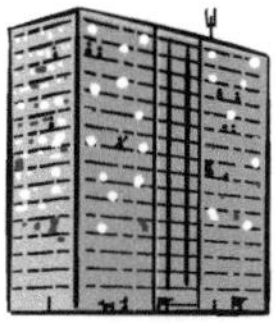

fflat

flat

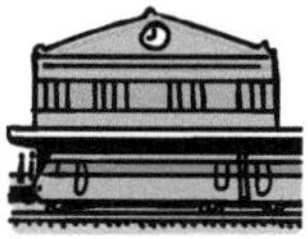

gorsaf drennau

train station

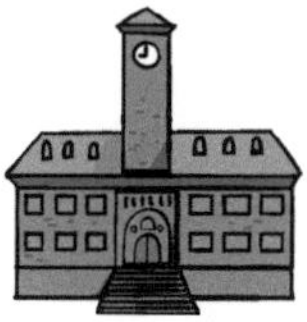

neuadd y dref

town hall

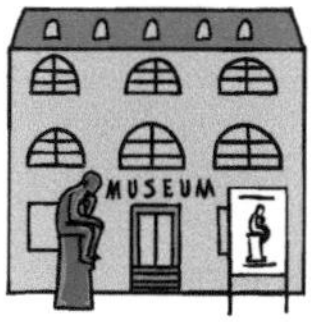
MUSEUM

amgueddfa

museum

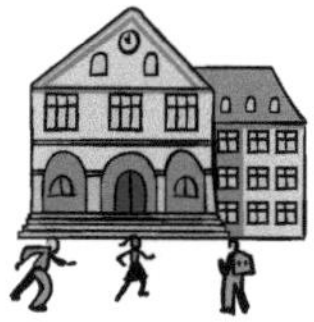

ysgol

school

prifysgol

university

banc

bank

ysbyty

hospital

gwesty

hotel

fferyllfa

pharmacy

swyddfa

office

siop lyfrau

book shop

siop

shop

siop flodau

florist's

archfarchnad

supermarket

farchnad

market

siop adrannol

department store

siop bysgod

fishmonger's

canolfan siopa

shopping centre

harbwr

harbour

dinas - city

parc

park

banc

bench

pont

bridge

grisiau

stairs

rheilffordd danddaearol

underground

twnnel

tunnel

safle bws

bus stop

bar

bar

bwyty

restaurant

blwch post

postbox

arwydd stryd

street sign

mesurydd parcio

parking meter

sŵ

zoo

pwll nofio

swimming pool

mosg

mosque

 fferm
farm

llygredd
pollution

mynwent
graveyard

eglwys
church

maes chwarae
playground

teml
temple

tirwedd

landscape

deilen
leaf

arwydd cyfeirio
signpost

ffordd
way

dôl
meadow

carreg
stone

coeden
tree

heiciwr
hiker

afon
river

glaswellt
grass

blodyn
flower

cwm

valley

bryn

hill

llyn

lake

coedwig

forest

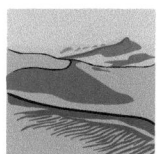

anialwch

desert

llosgfynydd

volcano

castell

castle

enfys

rainbow

madarchen

mushroom

palmwydden

palm tree

mosgito

mosquito

pryf

fly

morgrugyn

ant

gwenyn

bee

pryf copyn

spider

chwilen

beetle

llyffant

frog

gwiwer

squirrel

draenog

hedgehog

ysgyfarnog

hare

tylluan

owl

aderyn

bird

alarch

swan

baedd

boar

carw

deer

elc

moose

argae

dam

tyrbin gwynt

wind turbine

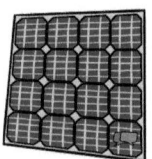

panel haul

solar panel

hinsawdd

climate

bwyty
restaurant

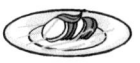

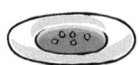

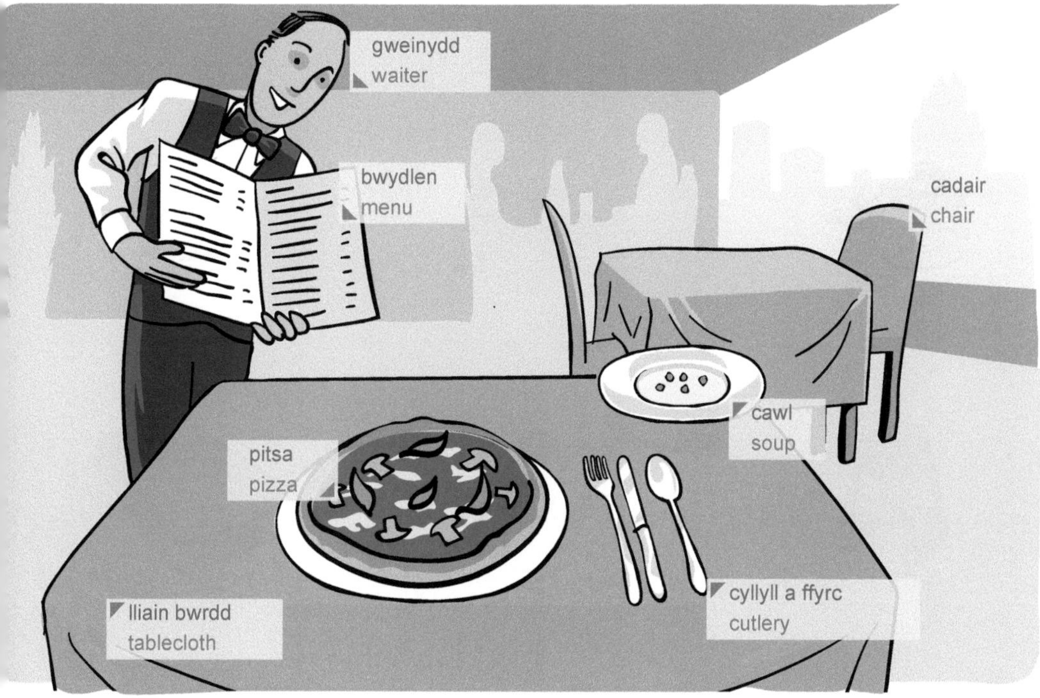
gweinydd
waiter
bwydlen
menu
cadair
chair
cawl
soup
pitsa
pizza
lliain bwrdd
tablecloth
cyllyll a ffyrc
cutlery

cwrs cyntaf

starter

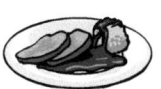

prif gwrs

main course

pwdin

dessert

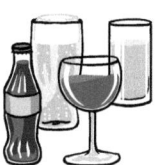

diodydd

drinks

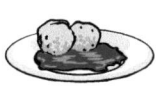

bwyd

food

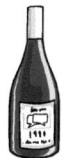

potel

bottle

bwyd cyflym

fast food

bwyd y stryd

street food

tebot

teapot

powlen siwgr

sugar bowl

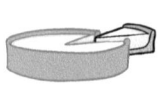

dogn

portion

peiriant espresso

espresso machine

cadair plentyn

high chair

bil

bill

hambwrdd

tray

cyllell

knife

fforc

fork

llwy

spoon

llwy de

teaspoon

napcyn

serviette

gwydr

glass

plât

plate

plât cawl

soup plate

soser

saucer

saws

sauce

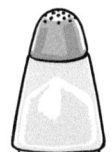

pot halen

salt pot

melin bupur

pepper mill

finegr

vinegar

olew

oil

sbeisys

spices

saws coch

ketchup

mwstard

mustard

mayonnaise

mayonnaise

archfarchnad

supermarket

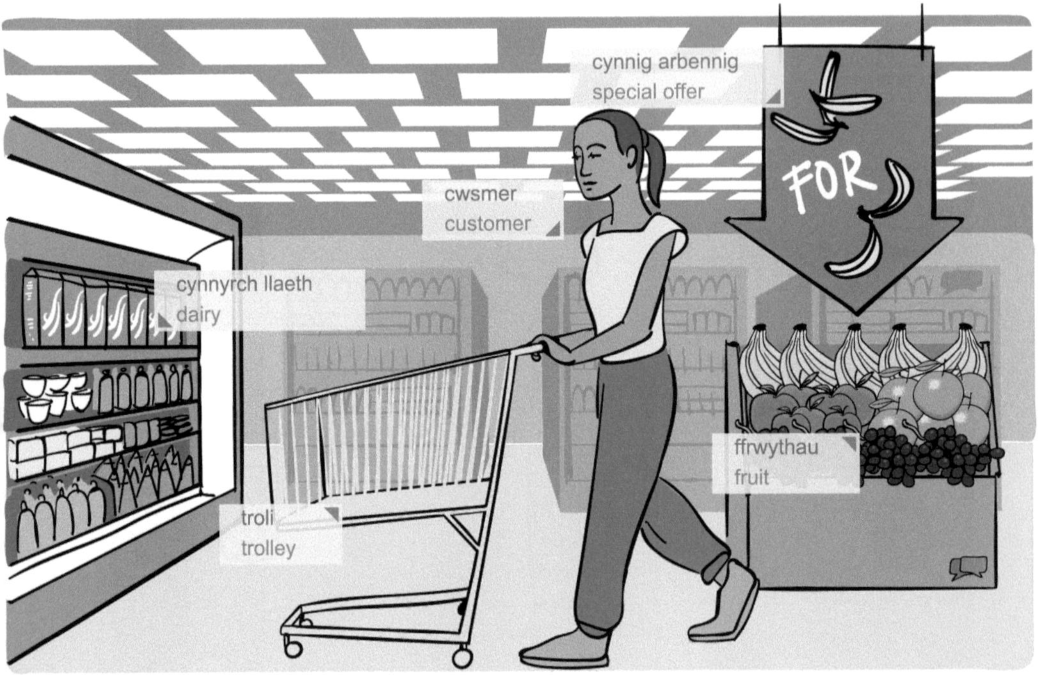

cynnig arbennig
special offer
FOR
cwsmer
customer
cynnyrch llaeth
dairy
ffrwythau
fruit
troli
trolley

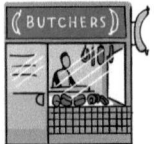

BUTCHERS

siop gig

butcher´s

BAKERY

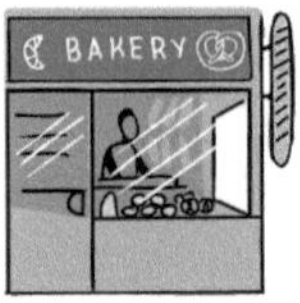

siop fara

baker´s

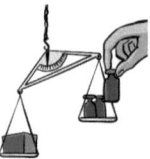

pwyso

weigh

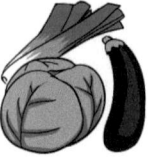

llysiau

vegetables

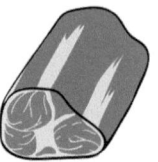

cig

meat

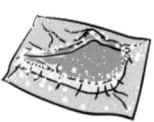

Bwyd wedi'i rewi

frozen food

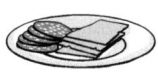

cig oer

cold meat

bwyd tun

tinned food

powdr golchi

washing powder

da-da

sweets

cynnyrch cartref

household products

cynhyrchion glanhau

cleaning products

gwerthwraig

salesperson

til

till

ariannwr

cashier

rhestr siopa

shopping list

oriau agor

opening hours

waled

wallet

cerdyn credyd

credit card

bag

bag

bag plastig

plastic bag

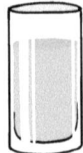

dwr

water

sudd

juice

llefrith

milk

côc

coke

gwin

wine

cwrw

beer

alcohol

alcohol

coco

cocoa

te

tea

coffi

coffee

espresso

espresso

cappuccino

cappuccino

ffrwchledd

banana

afal

apple

oren

orange

melon

melon

lemwn

lemon

moronen

carrot

garlleg

garlic

bambŵ

bamboo

nionyn

onion

madarchen

mushroom

cnau

nuts

nwdls

noodles

sbageti

spaghetti

reis

rice

salad

salad

sglodion

chips

tatws wedi'u ffrïo

fried potatoes

pitsa

pizza

hambyrger

hamburger

brechdan

sandwich

cytled

cutlet

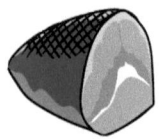

ham

ham

salami

salami

selsig

sausage

cyw iâr

chicken

rhost

roast

pysgodyn

fish

ceirch uwd

porridge oats

miwsli

muesli

creision ŷd

cornflakes

blawd

flour

croissant

croissant

bynsen

bread roll

bara

bread

tost

toast

bisgedi

biscuits

menyn

butter

ceuled

curd

teisen

cake

wy

egg

wy wedi'i ffrïo

fried egg

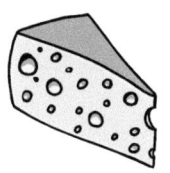

caws

cheese

hufen iâ

ice cream

siwgr

sugar

mêl

honey

jam

jam

siocled taenu

chocolate spread

cyri

curry

fferm
farm

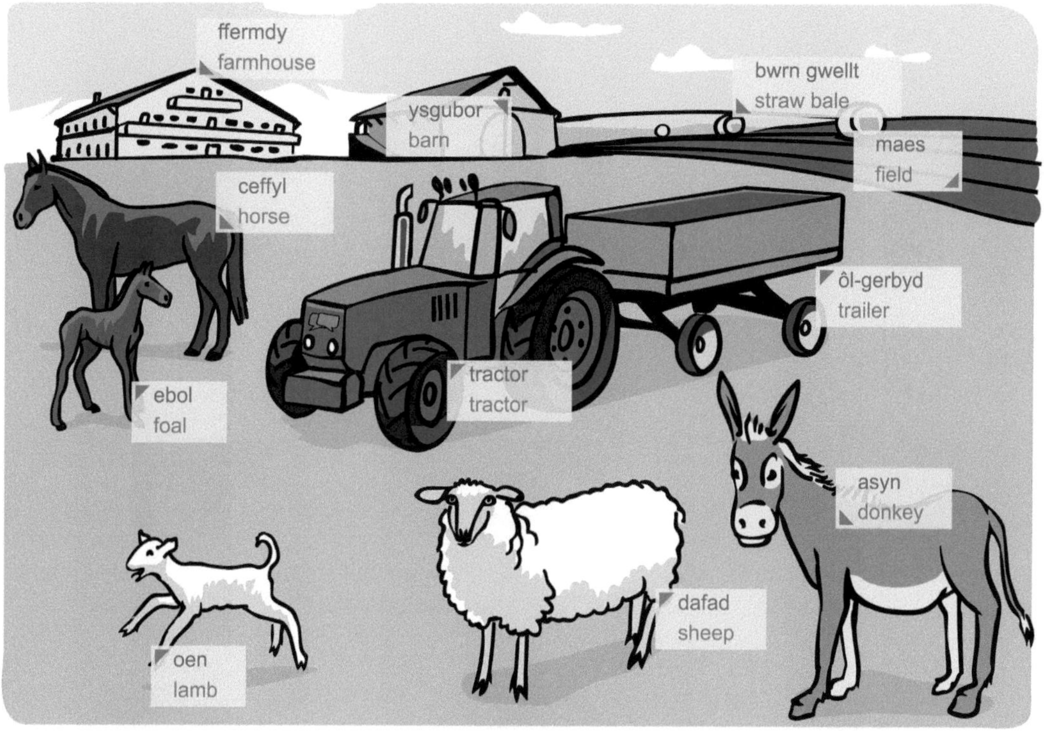

ffermdy
farmhouse
ysgubor
barn
bwrn gwellt
straw bale
maes
field
ceffyl
horse
ôl-gerbyd
trailer
tractor
tractor
ebol
foal
asyn
donkey
dafad
sheep
oen
lamb

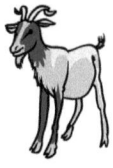

gafr

goat

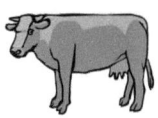

buwch

cow

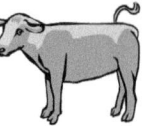

llo

calf

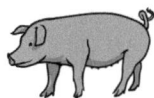

mochyn

pig

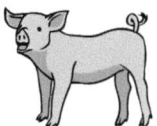

porchell

piglet

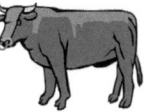

tarw

bull

gwydd

goose

hwyaden

duck

cyw

chick

iâr

hen

ceiliog

cock

llygoden fawr

rat

cath

cat

llygoden

mouse

ych

ox

ci

dog

cwt ci

doghouse

pibell ddŵr

garden hose

can dŵr

watering can

pladur

scythe

aradr

plough

 fferm - farm

cryman

sickle

fforch chwynu

hoe

picwarch

pitchfork

bwyell

axe

berfa

wheelbarrow

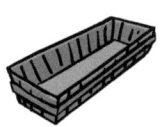

cafn

trough

tun llefrith

milk can

sach

sack

ffens

fence

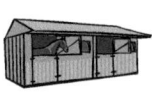

stabl

stable

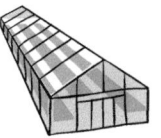

tŷ gwydr

greenhouse

pridd

soil

hedyn

seed

gwrtaith

fertilizer

dyrnwr medi

combine harvester

cynaeafu

harvest

cynhaeaf

harvest

iamau

yams

gwenith

wheat

soi

soy

tysen

potato

grawn

corn

had rêp

rapeseed

coeden ffrwythau

fruit tree

manioc

cassava

grawnfwydydd

cereals

fferm - farm

tŷ
house

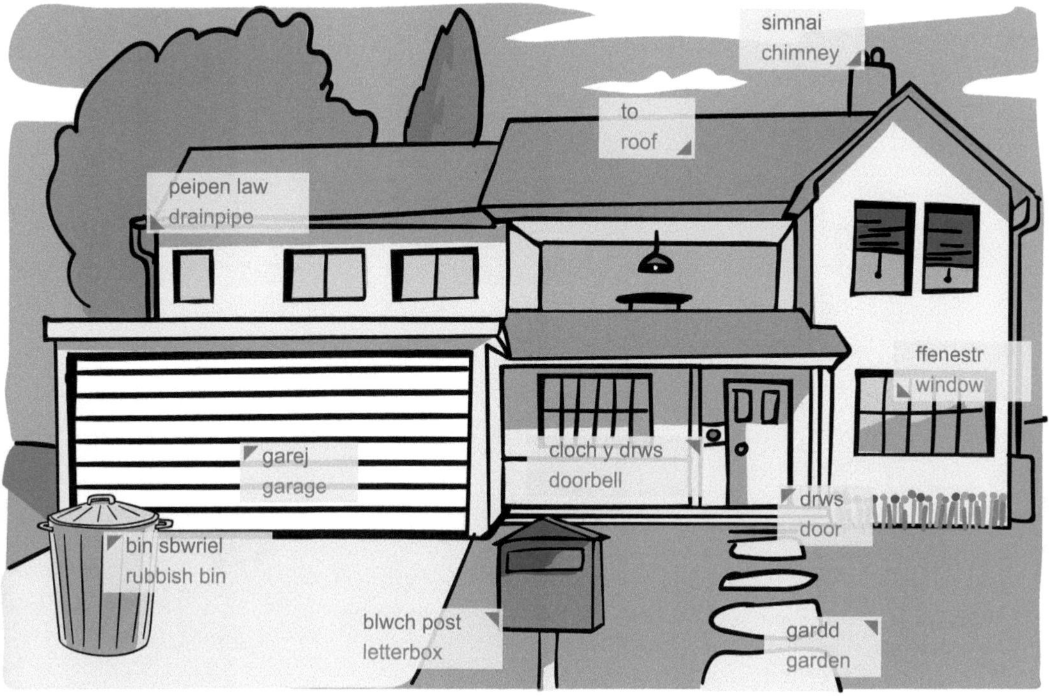
simnai
chimney
to
roof
peipen law
drainpipe
ffenestr
window
garej
garage
cloch y drws
doorbell
drws
door
bin sbwriel
rubbish bin
blwch post
letterbox
gardd
garden

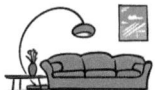

lolfa

living room

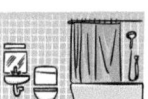

ystafell ymolchi

bathroom

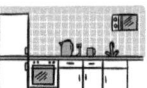

cegin

kitchen

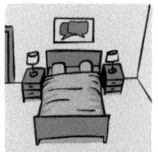

ystafell wely

bedroom

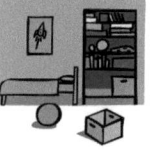

ystafell plentyn

child's room

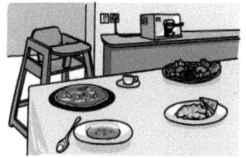

ystafell fwyta

dining room

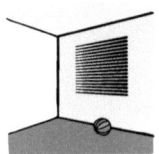

llawr

floor

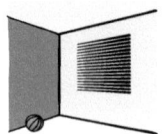

wal

wall

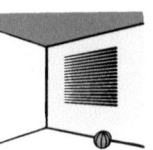

nenfwd

ceiling

seler

cellar

sawna

sauna

balconi

balcony

teras

terrace

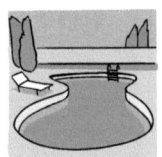

pwll

pool

peiriant torri gwair

lawn mower

taflen

sheet

gorchudd gwely

bedspread

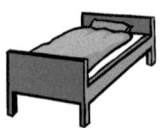

gwely

bed

ysgub

broom

bwced

bucket

swits

switch

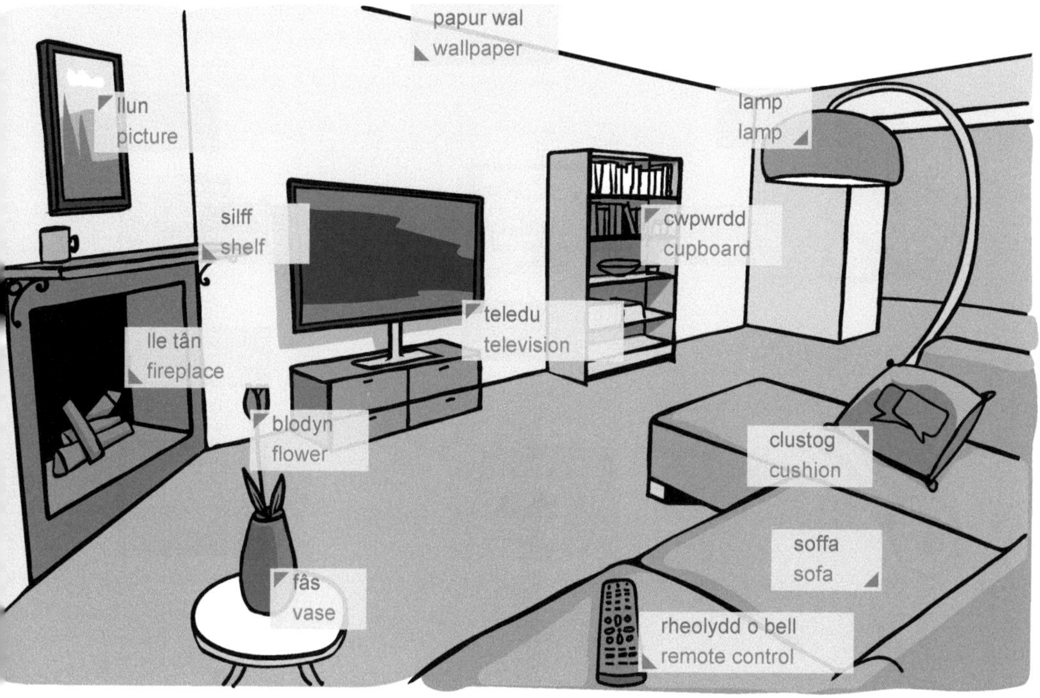

papur wal
wallpaper

llun
picture

lamp
lamp

silff
shelf

cwpwrdd
cupboard

teledu
television

lle tân
fireplace

blodyn
flower

clustog
cushion

soffa
sofa

fâs
vase

rheolydd o bell
remote control

	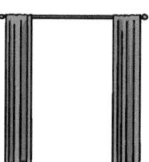	
carped	llen	bwrdd
carpet	curtain	table

cadair	cadair siglo	cadair freichiau
chair	rocking chair	armchair

llyfr

book

blanced

blanket

addurn

decoration

coed tân

firewood

ffilm

film

hi-fi

hi-fi equipment

agoriad

key

papur newydd

newspaper

darlun

painting

poster

poster

radio

radio

llyfr nodiadau

notepad

hwfer

hoover

cactws

cactus

cannwyll

candle

cegin
kitchen

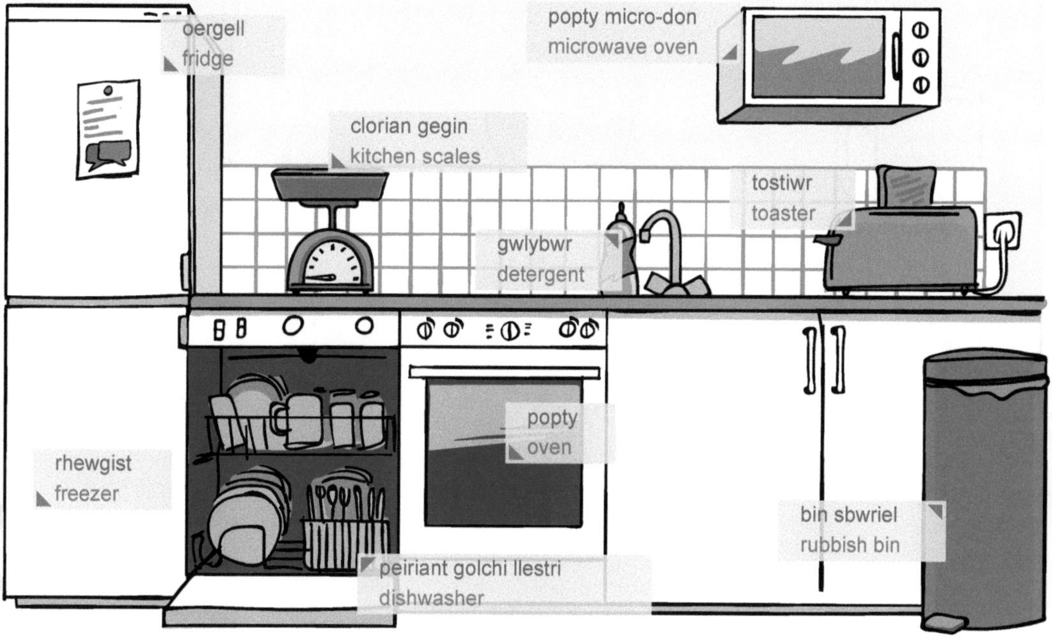
oergell
fridge
popty micro-don
microwave oven
clorian gegin
kitchen scales
tostiwr
toaster
gwlybwr
detergent
popty
oven
rhewgist
freezer
bin sbwriel
rubbish bin
peiriant golchi llestri
dishwasher

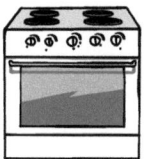

popty

cooker

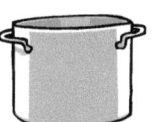

pot

pot

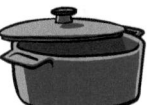

pot haearn bwrw

cast-iron pot

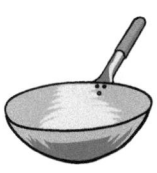

wok / kadai

wok / kadai

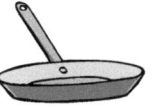

padell

pan

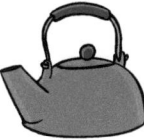

tegell

kettle

sosban stemio

steamer

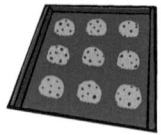

hambwrdd pobi

baking tray

llestri

crockery

mwg

mug

powlen

bowl

gweill bwyta

chopsticks

lletwad

ladle

ysbodol

spatula

chwisg

whisk

hidlydd

strainer

gogr

sieve

gratiwr

grater

morter

mortar

barbeciw

barbecue

tân agored

open fire

bwrdd torri cig

chopping board

rholbren

rolling pin

tynnwr corcyn

corkscrew

tun

can

peth agor tuniau

can opener

clwt pot

pot holder

sinc

sink

brws

brush

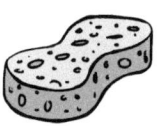

sbwng

sponge

peiriant cymysgu

blender

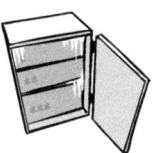

rhewgell

deep freezer

potel babi

baby bottle

tap

tap

ystafell ymolchi

bathroom

cawod
shower
gwres
heating
tywel
towel
llen gawod
shower curtain
baddon ewyn
bubble bath
baddon
bathtub
gwydr
glass
peiriant golchi
washing machine
tap
tap
teils
tiles
potyn
potty
sinc
sink

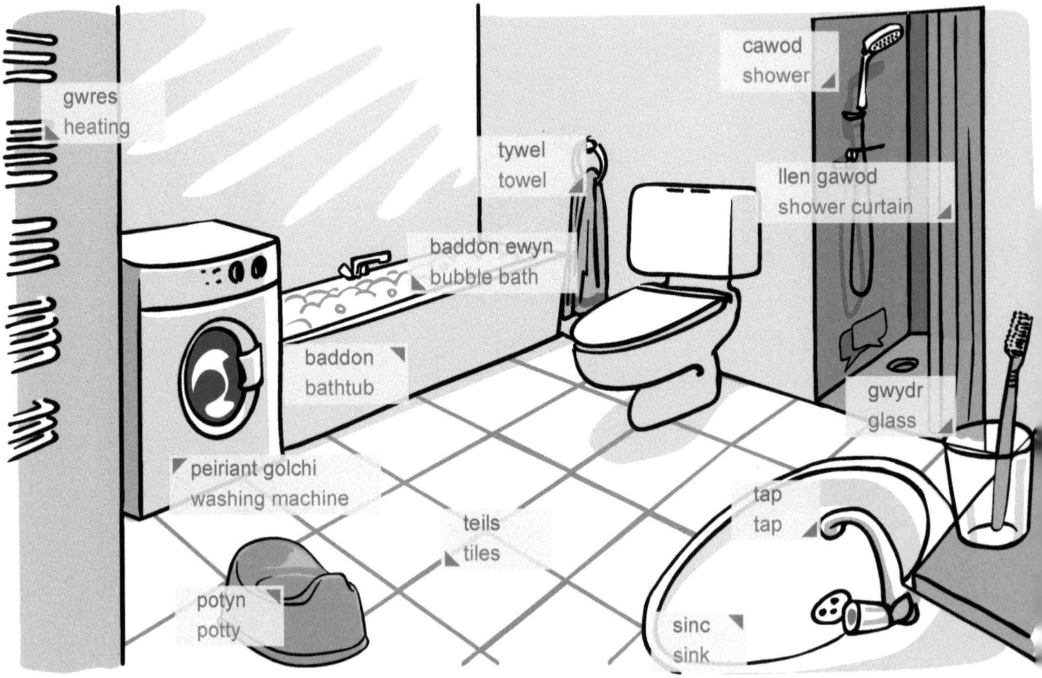

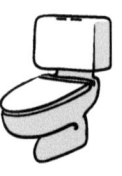

tŷ bach

toilet

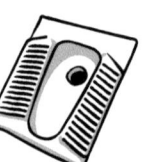

toiled cyrcydu

squat toilet

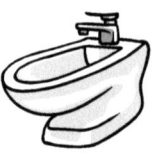

bidet

bidet

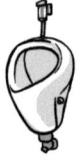

troethfa

urinal

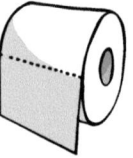

papur tŷ bach

toilet paper

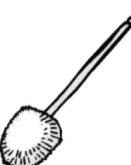

brws tŷ bach

toilet brush

brws dannedd

toothbrush

past dannedd

toothpaste

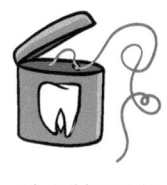

edau ddannedd

dental floss

golchi

wash

cawod llaw

handheld shower

golchfa

douche

basn

basin

brws-ôl

back brush

sebon

soap

gel cawod

shower gel

siampŵ

shampoo

gwlanen

flannel

ffos

drain

hufen

cream

diaroglydd

deodorant

drych

mirror

drych llaw

hand mirror

rasel

razor

ewyn eillio

shaving foam

sent eillio

aftershave

crib

comb

brws

brush

sychwr gwallt

hair dryer

chwistrell gwallt

hairspray

colur

makeup

minlliw

lipstick

farnais ewinedd

nail varnish

gwlân cotwm

cotton wool

siswrn ewinedd

nail scissors

persawr

perfume

bag ymolchi

washbag

stôl

stool

clorian

weighing scale

gŵn baddon

bathrobe

menig rwber

rubber gloves

tampon

tampon

tywel misglwyf

sanitary towel

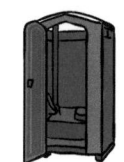

toiled cemegol

chemical toilet

ystafell plentyn

child's room

cloc larwm
alarm clock
tegan anwes
cuddly toy
car tegan
toy car
cleciwr
rattle
tŷ dol
doll's house
anrheg
present

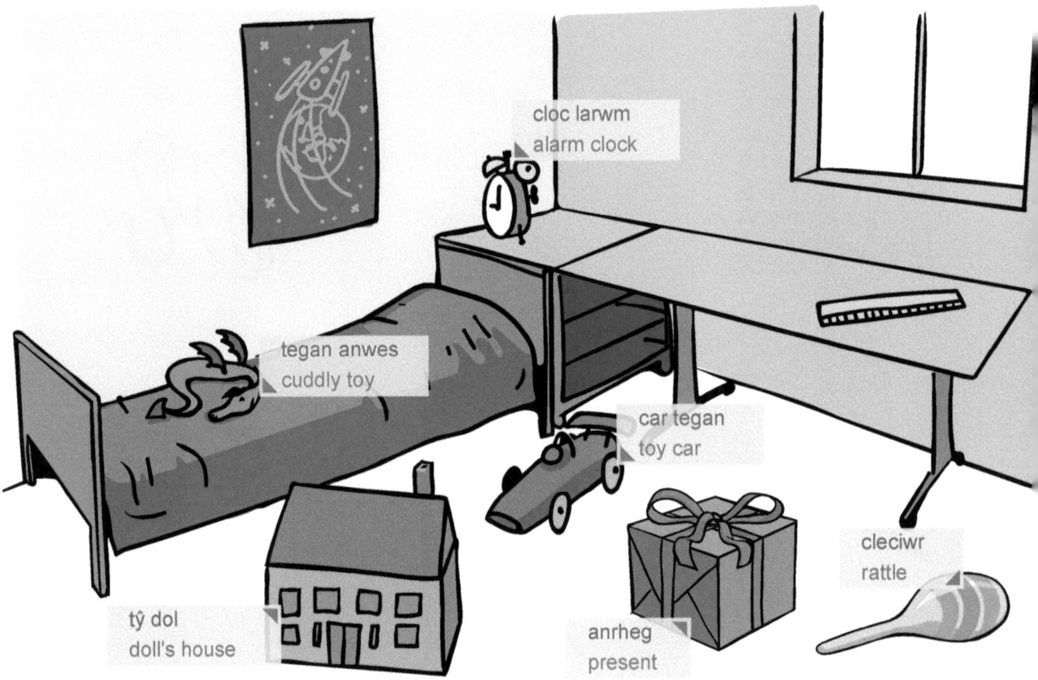

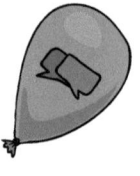

balŵn

balloon

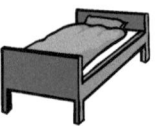

gwely

bed

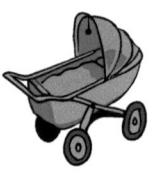

pram

pram

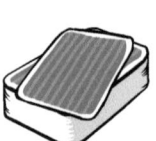

pecyn o gardiau

deck of cards

jig-so

jigsaw

SUPER MEGA

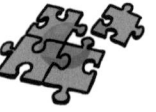

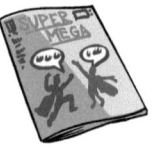

comic

comic

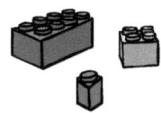

brics Lego

lego bricks

blociau adeiladu

building blocks

ffigur gweithredu

action figure

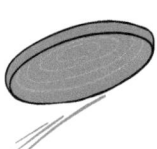

babygro

babygrow

ffrisbi

frisbee

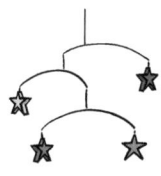

ffôn symudol

mobile

gêm fwrdd

board game

deis

dice

set model trên

model train set

teth lwgu

dummy

parti

party

llyfr lluniau

picture book

pêl

ball

dol

doll

chwarae

play

pwll tywod

sandpit

swing

swing

teganau

toys

consol gemau fideo

video game console

beic tair olwyn

tricycle

tedi

teddy bear

cwpwrdd dillad

wardrobe

dillad

clothing

hosanau

socks

hosanau

stockings

teits

tights

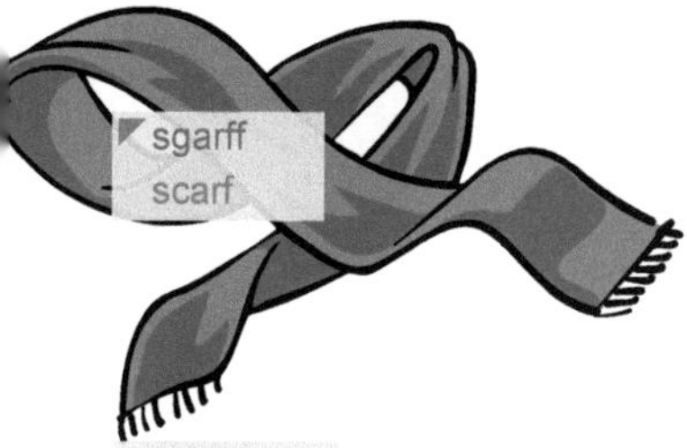

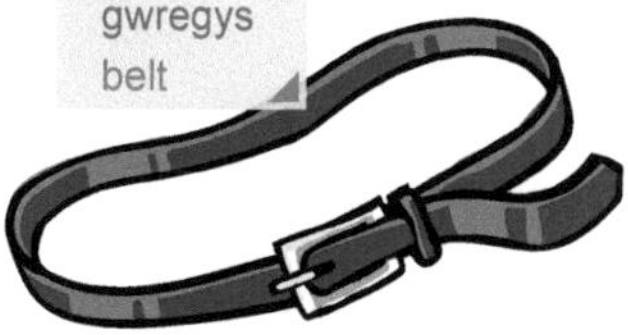

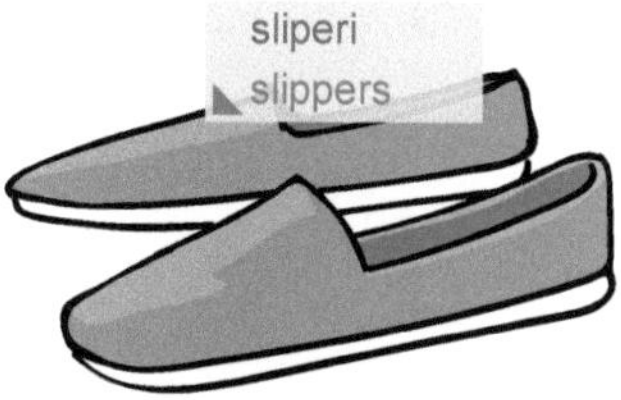

sgarff
scarf

ymbarél
umbrella

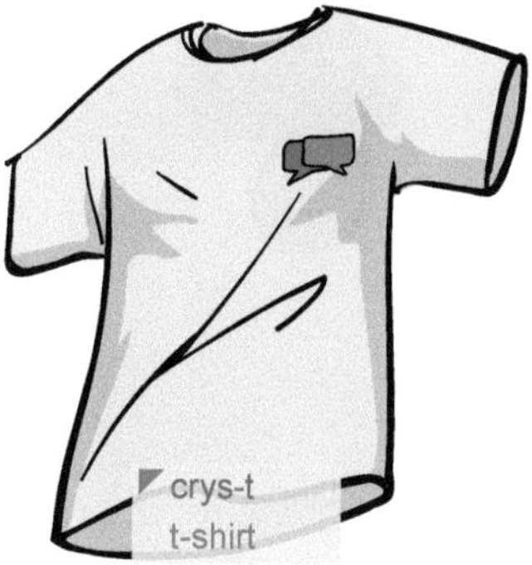

gwregys
belt

crys-t
t-shirt

esgidiau
boots

sliperi
slippers

esidiau ymarfer
trainers

sandalau

sandals

esgidiau

shoes

esgidiau rwber

rubber boots

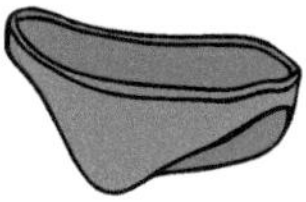

trôns

underpants

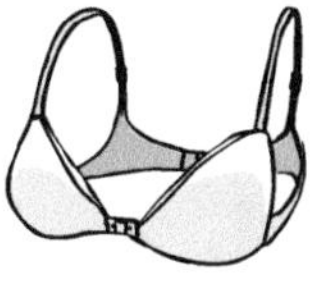

bra

bra

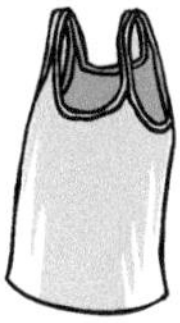

fest

vest

corff

body

trowsus

trousers

jîns

jeans

sgert

skirt

blows

blouse

crys

shirt

pwlofer

pullover

hwdi

hoodie

blaser

blazer

siaced

jacket

côt

coat

côt law

raincoat

gwisg

costume

gŵn

dress

gwisg briodas

wedding dress

dillad - clothing

siwt

suit

gŵn nos

nightgown

pyjamas

pyjamas

sari

sari

sgarff pen

headscarf

tyrban

turban

bwrca

burqa

cafftan

kaftan

abaya

abaya

gwisg nofio

swimsuit

trowsus nofio

trunks

siorts

shorts

tracwisg

tracksuit

ffedog

apron

menig

gloves

botwm

button

sbectol

glasses

breichled

bracelet

cadwyn

necklace

modrwy

ring

clustdlws

earring

cap

cap

cambren

coat hanger

het

hat

tei

tie

sip

zip

helmed

helmet

fframiau danedd

braces

gwisg ysgol

school uniform

gwisg

uniform

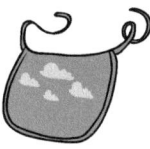

bib

bib

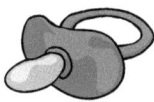

teth lwgu

dummy

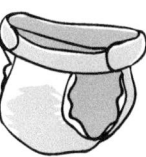

cewyn

nappy

swyddfa

office

gweinydd
server
cwrpwrdd ffeilio
filing cabinet
argraffydd
printer
papur
paper
monitor
monitor
desg
desk
llygoden
mouse
ffolder
folder
bysellfwrdd
keyboard
basged papur gwastraff
waste-paper basket
cyfrifiadur
computer
cadair
chair

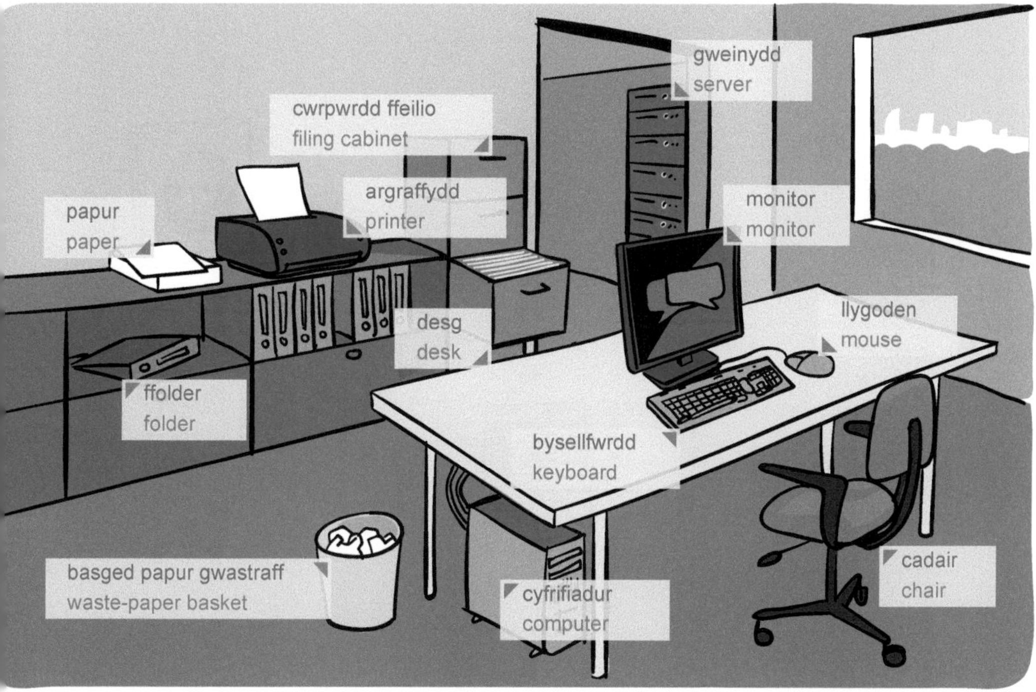

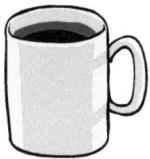

mwg coffi

coffee mug

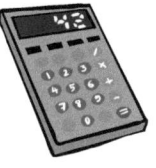

cyfrifiannell

calculator

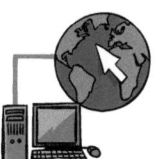

rhyngrwyd

internet

gliniadur

laptop

llythyr

letter

neges

message

ffôn symudol

mobile

rhwydwaith

network

llungopïwr

photocopier

meddalwedd

software

teleffon

telephone

soced plwg

plug socket

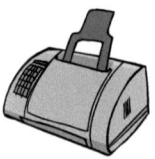

peiriant ffacs

fax machine

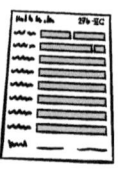

ffurflen

form

dogfen

document

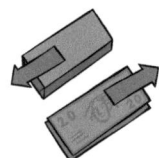

prynu
....
buy

talu
....
pay

masnachu
....
trade

arian
....
money

doler
....
dollar

ewro
....
euro

yen
....
yen

rwbl
....
rouble

ffranc y Swistir
....
Swiss franc

yuan renminbi
....
renminbi yuan

rwpi
....
rupee

peiriant arian
....
cashpoint

swyddfa gyfnewid

bureau de change

aur

gold

arian

silver

olew

oil

ynni

energy

pris

price

contract

contract

treth

tax

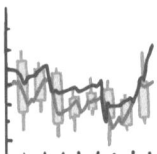

stoc

stock

gweithio

work

cyflogai

employee

cyflogwr

employer

ffatri

factory

siop

shop

swyddi
occupations

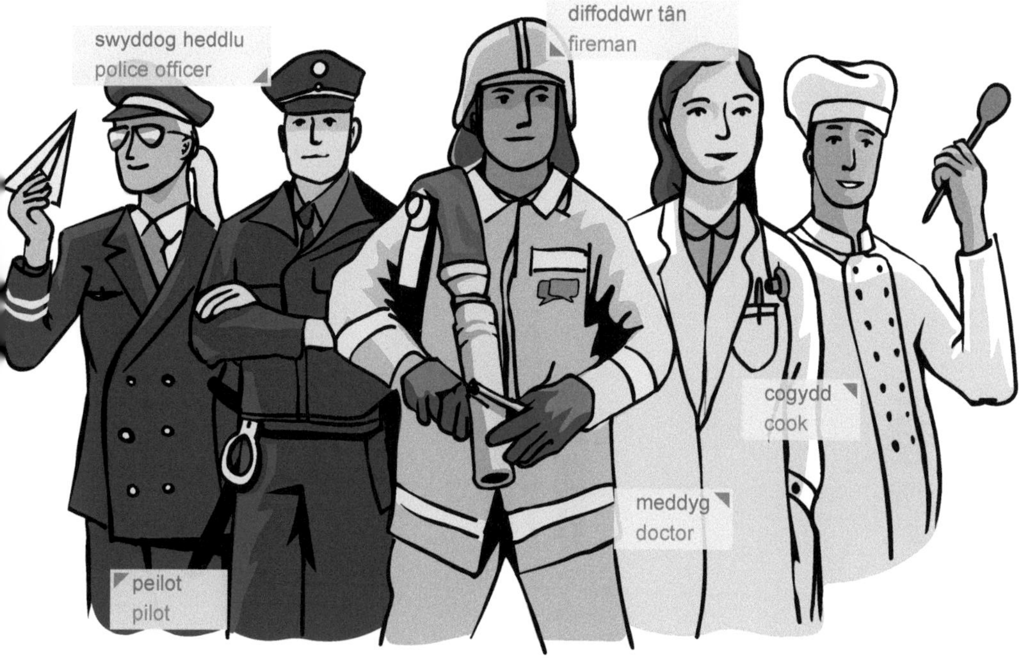
swyddog heddlu
police officer
diffoddwr tân
fireman
cogydd
cook
meddyg
doctor
peilot
pilot

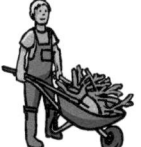

garddwr

gardener

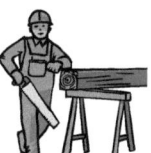

saer

carpenter

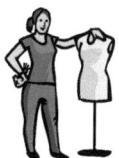

gwniadwraig

seamstress

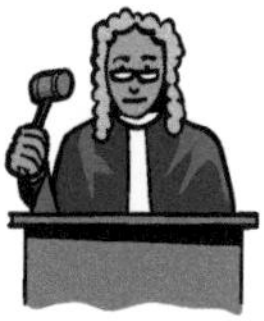

barnwr

judge

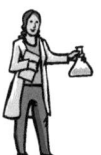

fferyllydd

chemist

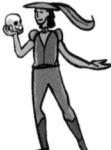

actor

actor

gyrrwr bws

bus driver

gyrrwr tacsi

taxi driver

pysgotwr

fisherman

glanhawraig

cleaning lady

töwr

roofer

gweinydd

waiter

heliwr

hunter

paentiwr

painter

pobydd

baker

trydanwr

electrician

adeiladwr

builder

peiriannydd

engineer

cigydd

butcher

plymiwr

plumber

dyn y post

postman

milwr

soldier

pensaer

architect

ariannwr

cashier

gwerthwr blodau

florist

triniwr gwallt

hairdresser

archwiliwr tocynnau rheilffordd

conductor

mecanydd

mechanic

capten

captain

deintydd

dentist

gwyddonydd

scientist

rabi

rabbi

imam

imam

mynach

monk

clerigwr

clergyman

offer

tools

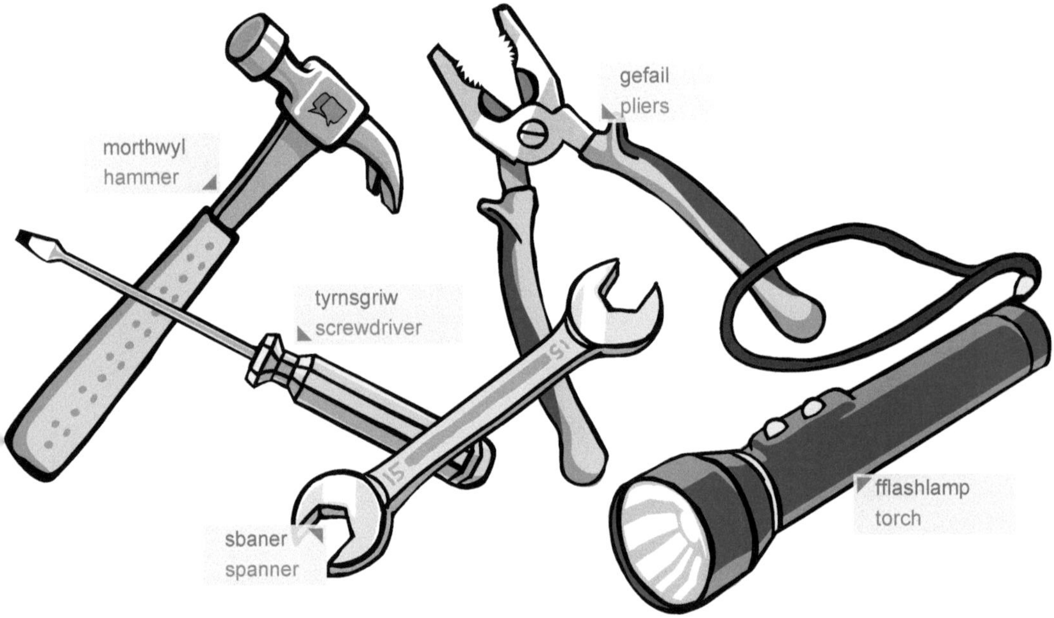
gefail
pliers
morthwyl
hammer
tyrnsgriw
screwdriver
fflashlamp
torch
sbaner
spanner

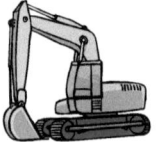

turiwr

digger

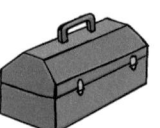

blwch offer

toolbox

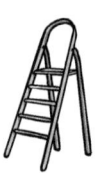

ysgol

ladder

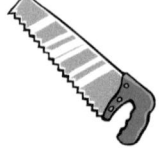

llif

saw

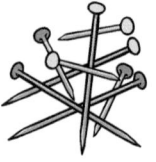

hoelion

nails

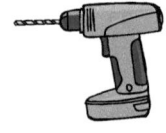

dril

drill

trwsio

repair

rhaw

shovel

Daria!

Damn!

rhaw lwch

dustpan

pot paent

paint pot

sgriwiau

screws

offerynnau cerdd
musical instruments

set drymiau
drum kit

uchelseinydd
loudspeaker

gitâr
guitar

bas dwbl
double bass

trwmped
trumpet

piano

piano

ffidil

violin

bas

bass

timpani

timpani

drymiau

drums

cyweirfwrdd

keyboard

sacsoffon

saxophone

ffliwt

flute

meicroffon

microphone

SŴ

ZOO

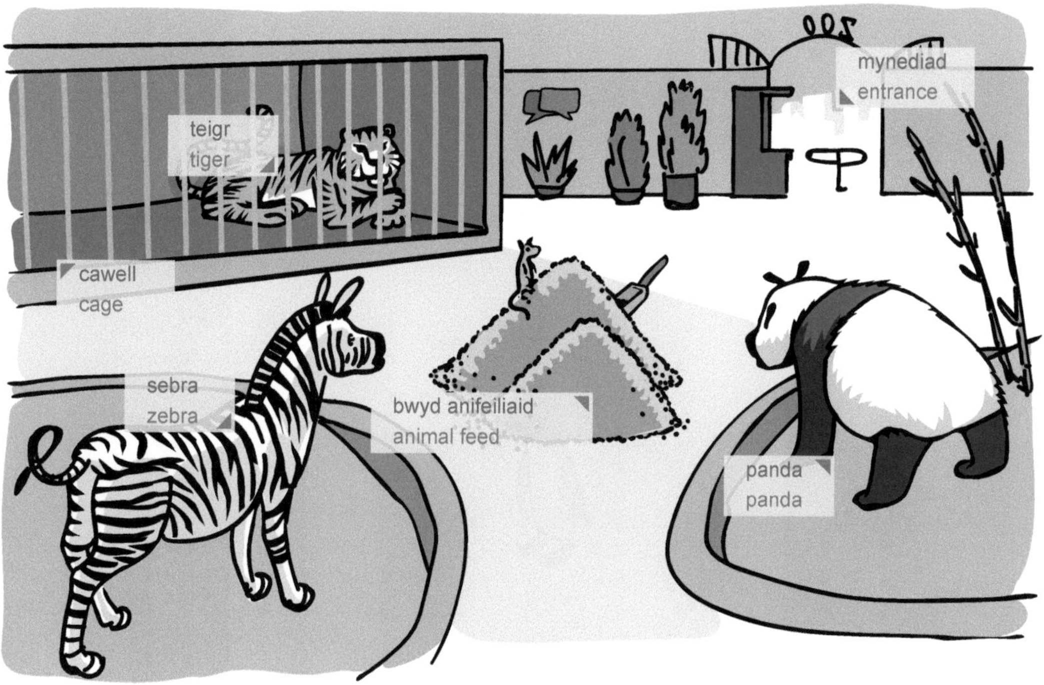
mynediad
entrance
teigr
tiger
cawell
cage
sebra
zebra
bwyd anifeiliaid
animal feed
panda
panda

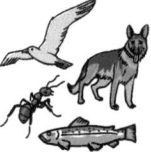

anifeiliaid

animals

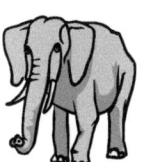

eliffant

elephant

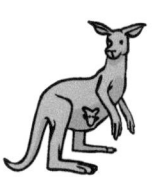

cangarŵ

kangaroo

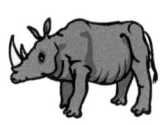

rhinoseros

rhino

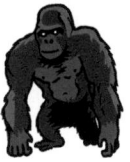

gorila

gorilla

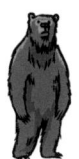

arth

bear

camel

camel

estrys

ostrich

llew

lion

mwnci

monkey

fflamingo

flamingo

parot

parrot

arth wen

polar bear

pengwin

penguin

siarc

shark

paun

peacock

neidr

snake

crocodeil

crocodile

gofalwr sŵ

zookeeper

morlo

seal

jagwar

jaguar

merlyn

pony

llewpard

leopard

hipo

hippo

jiráff

giraffe

eryr

eagle

baedd

boar

pysgodyn

fish

crwban

turtle

walrws

walrus

llwynog

fox

gafrewig

gazelle

pêl-droed America
American football

beicio
cycling

tennis
tennis

pêl-fasged
basketball

nofio
swimming

bocsio
boxing

hoci iâ
ice hockey

pêl-droed
football

badminton
badminton

athletau
athletics

pêl-law
handball

sgïo
skiing

polo
polo

gweithgareddau
activities

neidio
jump
cofleidio
hug
chwerthin
laugh
cerdded
walk
canu
sing
breuddwydio
dream
gweddïo
pray
cusanu
kiss

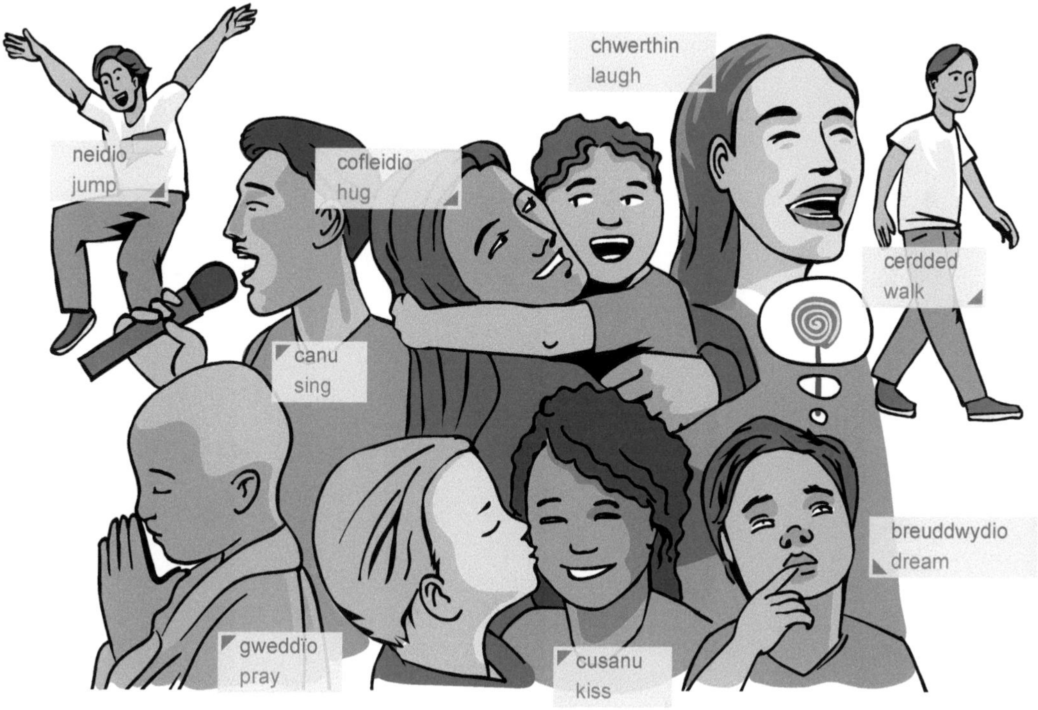

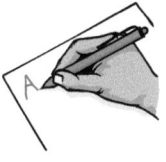

ysgrifennu

write

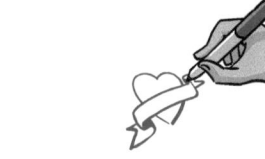

tynnu

draw

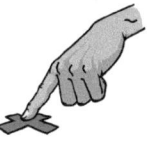

dangos

show

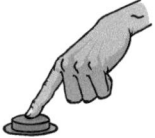

gwthio

push

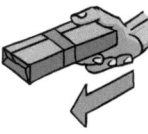

rhoi

give

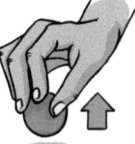

cymryd

take

bod gan

have

gwneud

do

bod

be

sefyll

stand

rhedeg

run

tynnu

pull

taflu

throw

disgyn

fall

gorwedd

lie

aros

wait

cario

carry

eistedd

sit

gwisgo amdanoch

get dressed

cysgu

sleep

deffro

wake up

edrych ar

look at

crïo

cry

anwesu

stroke

cribo

comb

siarad

talk

deall

understand

gofyn

ask

gwrando

listen

yfed

drink

bwyta

eat

tacluso

tidy up

caru

love

coginio

cook

gyrru

drive

hedfan

fly

hwylio

sail

cyfrifo

calculate

darllen

read

dysgu

learn

gweithio

work

priodi

marry

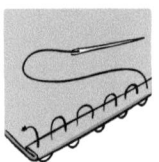

gwnïo

sew

brwsio dannedd

brush teeth

lladd

kill

ysmygu

smoke

anfon

send

nain
grandmother

taid
grandfather

tad
father

mam
mother

baban
baby

merch
daughter

mab
son

gwestai

guest

modryb

aunt

ewythr

uncle

brawd

brother

chwaer

sister

corff

body

talcen
forehead
llygad
eye
ysgwydd
shoulder
bys
finger
wyneb
face
gên
chin
llaw
hand
coes
leg
bron
breast
braich
arm

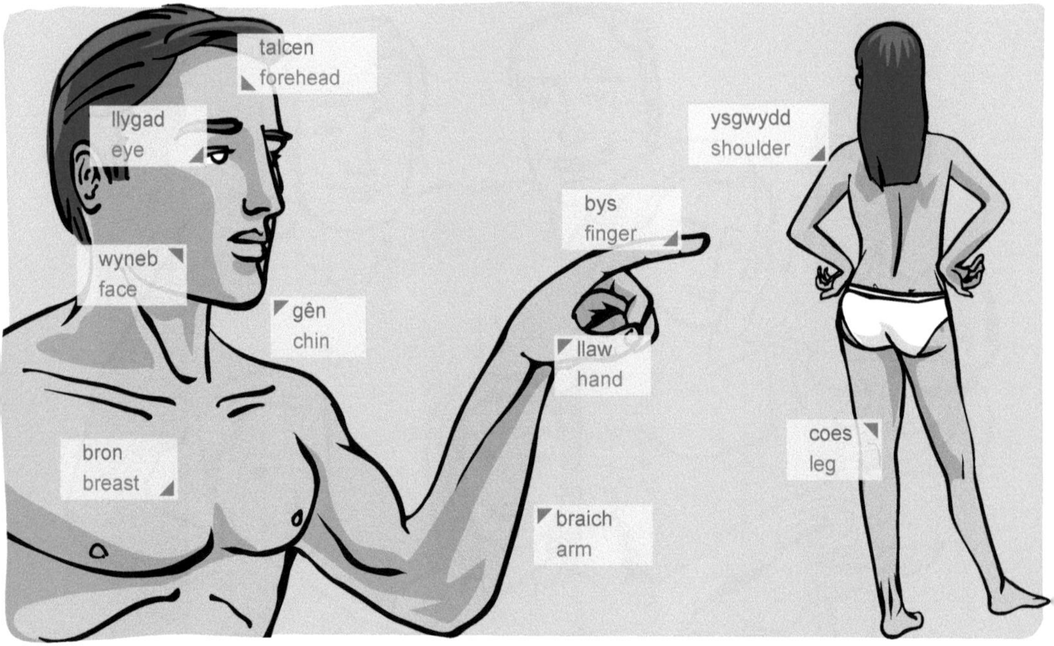

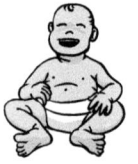

baban
baby

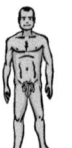

dyn
man

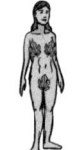

gwraig
woman

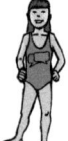

geneth
girl

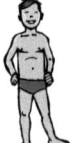

bachgen
boy

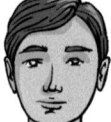

pen
head

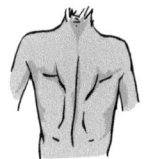

cefn

back

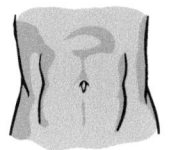

bel

belly

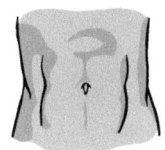

bogail

belly button

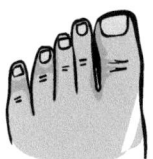

bys troed

toe

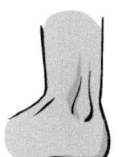

sawdl

heel

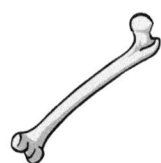

asgwrn

bone

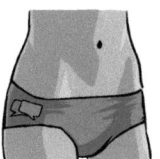

clun

hip

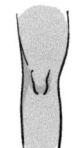

pen-glin

knee

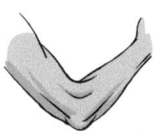

penelin

elbow

trwyn

nose

pen ôl

bottom

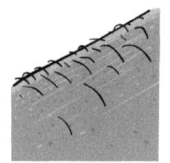

croen

skin

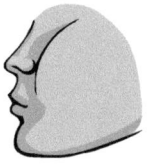

boch

cheek

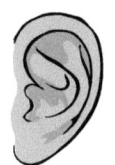

clust

ear

gwefus

lip

corff - body

ceg

mouth

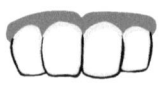

dant

tooth

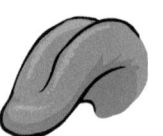

tafod

tongue

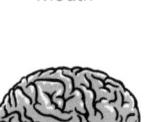

ymennydd

brain

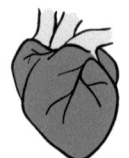

calon

heart

cyhyr

muscle

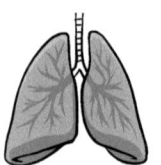

ysgyfaint

lung

iau

liver

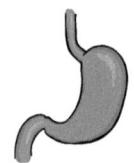

stumog

stomach

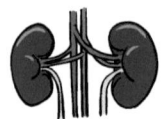

arennau

kidneys

rhyw

sex

condom

condom

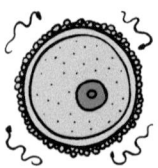

ofwm

ovum

semen

semen

beichiogrwydd

pregnancy

corff - body

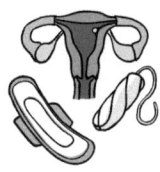

mislif

menstruation

fagina

vagina

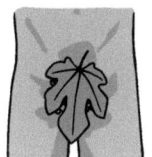

pidyn

penis

ael

eyebrow

gwallt

hair

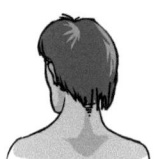

gwddf

neck

corff - body

ysbyty

hospital

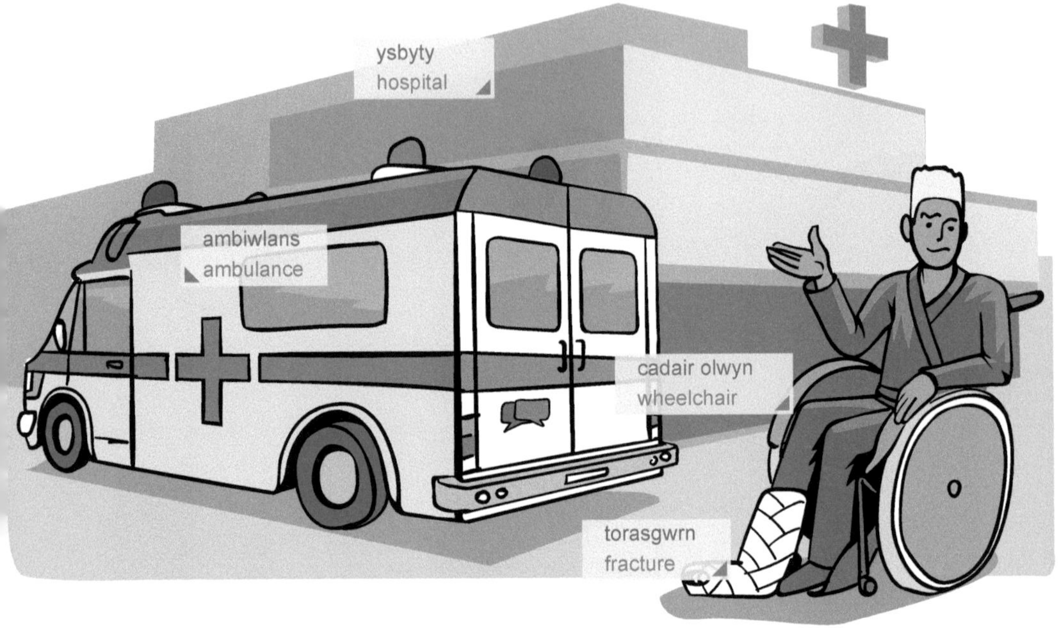

ysbyty
hospital
ambiwlans
ambulance
cadair olwyn
wheelchair
torasgwrn
fracture

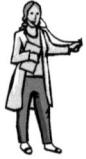

meddyg
doctor

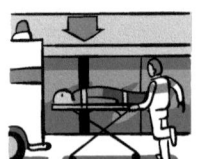

ystafell argyfwng
emergency room

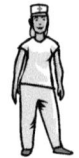

nyrs
nurse

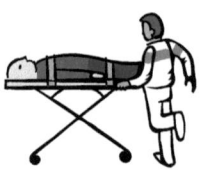

argyfwng
emergency

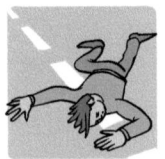

anymwybodol
unconscious

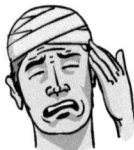

poen
pain

anaf

injury

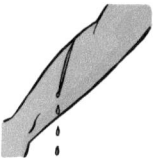

gwaedu

bleeding

trawiad ar y galon

heart attack

strôc

stroke

alergedd

allergy

peswch

cough

twymyn

fever

ffliw

flu

dolur rhydd

diarrhoea

cur pen

headache

canser

cancer

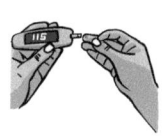

diabetes

diabetes

llawfeddyg

surgeon

fflaim

scalpel

gweithrediad

operation

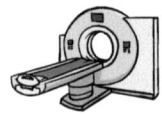

CT

CT

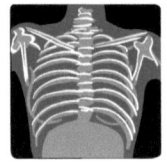

pelydr-x

x-ray

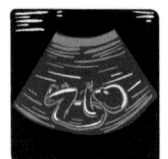

uwchsain

ultrasound

mwgwd wyneb

face mask

clefyd

disease

ystafell aros

waiting room

bagl

crutch

plastr

plaster

rhwymyn

bandage

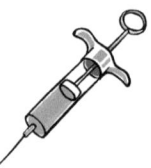

pigiad

injection

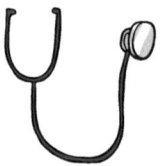

stethosgop

stethoscope

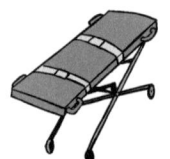

elorwely

stretcher

thermomedr clinigol

clinical thermometer

genedigaeth

birth

dros bwysau

overweight

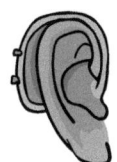

cymorth clyw

hearing aid

diheintydd

disinfectant

haint

infection

firws

virus

HIV / AIDS

HIV / AIDS

meddygaeth

medicine

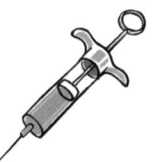

brechiad

vaccination

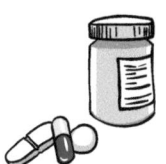

tabledi

tablets

y bilsen

pill

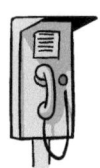

galwad frys

emergency call

monitor pwysau gwaed

blood pressure monitor

yn sâl / yn iach

ill / healthy

Help!

Help!

larwm

alarm

ymosodiad

assault

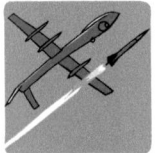

ymosodiad

attack

perygl

danger

allanfa argyfwng

emergency exit

Tân!

Fire!

diffoddwr tân

fire extinguisher

damwain

accident

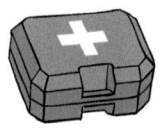

pecyn cymorth cyntaf

first-aid kit

SOS

SOS

heddlu

police

Ewrop

Europe

Gogledd America

North America

De America

South America

Affrica

Africa

Asia

Asia

Awstralia

Australia

Iwerydd

Atlantic

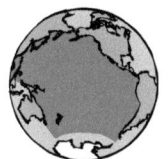

y Môr Tawel

Pacific

Cefnfor yr India

Indian Ocean

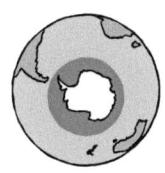

Cefnfor yr Antarctig

Antarctic Ocean

Cefnfor yr Arctig

Arctic Ocean

Pegwn y Gogledd

North Pole

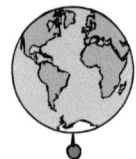

Pegwn y De

South Pole

Antarctica

Antarctica

y Ddaear

Earth

tir

land

môr

sea

ynys

island

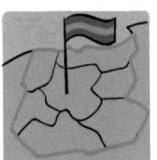

cenedl

nation

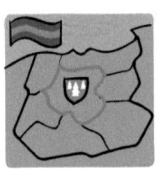

gwladwriaeth

state

wyneb cloc

clock face

bys awr

hour hand

bys munud

minute hand

bys eiliad

second hand

Faint o'r gloch yw hi?

What time is it?

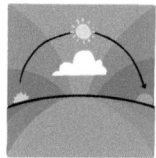

dydd

day

amser

time

yn awr

now

cloc digidol

digital watch

munud

minute

awr

hour

wythnos
week

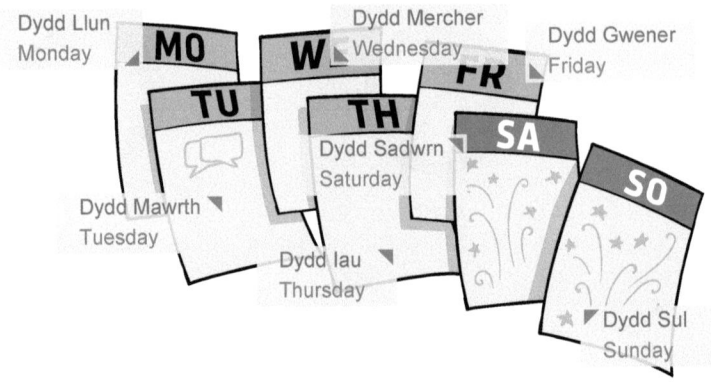

Dydd Llun
Monday

Dydd Mercher
Wednesday

Dydd Gwener
Friday

Dydd Mawrth
Tuesday

Dydd Sadwrn
Saturday

Dydd Iau
Thursday

Dydd Sul
Sunday

ddoe

yesterday

heddiw

today

yfory

tomorrow

bore

morning

canol dydd

noon

noswaith

evening

diwrnodiau busnes

business days

penwythnos

weekend

enfys
rainbow

glaw
rain

eira
snow

gwynt
wind

gwanwyn
spring

hydref
autumn

haf
summer

gaeaf
winter

4.APRIL	11°	☀
5.APRIL	4°	☁
6.APRIL	13°	☂
7.APRIL	8°	❄
8.APRIL	10°	☀

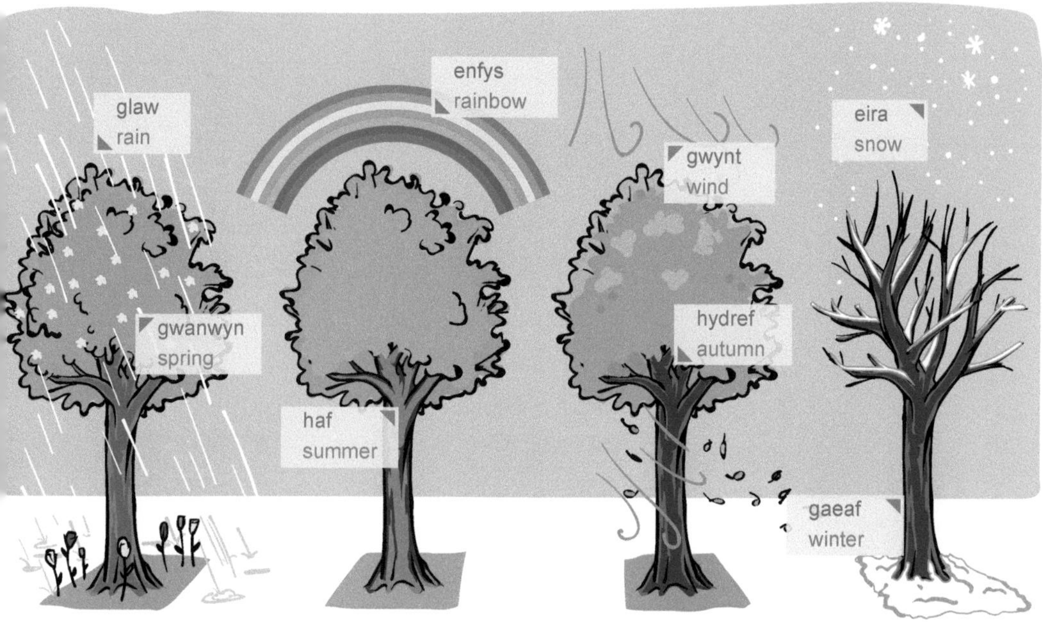

rhagolygon y tywydd
....
weather forecast

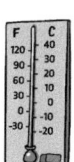

thermomedr
....
thermometer

heulwen
....
sunshine

cwmwl
....
cloud

niwl tew
....
fog

lleithder
....
humidity

mellt

lightning

taranau

thunder

storm

storm

cenllysg

hail

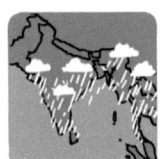

monsŵn

monsoon

llif

flood

iâ

ice

Ionawr

January

Chwefror

February

Mawrth

March

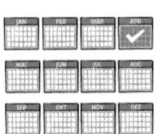

Ebrill

April

Mai

May

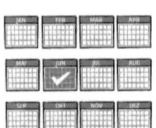

Mehefin

June

Gorffennaf

July

Awst

August

blwyddyn - year

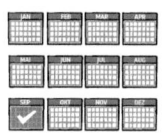

Medi

September

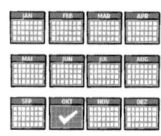

Hydref

October

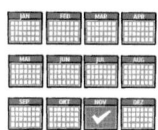

Tachwedd

November

Rhagfyr

December

cylch

circle

sgwâr

square

petryal

rectangle

triongl

triangle

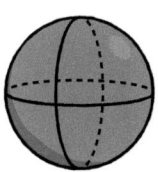

sffêr

sphere

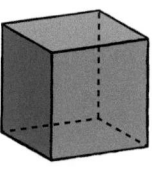

ciwb

cube

gwyn

white

melyn

yellow

oren

orange

pinc

pink

coch

red

porffor

purple

glas

blue

gwyrdd

green

brown

brown

llwyd

grey

du

black

llawer / ychydig

a lot / a little

dig / tawel

angry / calm

hardd / hyll

beautiful / ugly

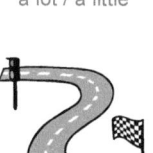

dechrau / diwedd

beginning / end

mawr / bach

big / small

llachar / tywyll

bright / dark

brawd / chwaer

brother / sister

glân / budr

clean / dirty

gyflawn / anghyflawn

complete / incomplete

dydd / nos

day / night

farw / yn fyw

dead / alive

eang / cul

wide / narrow

bwytadwy / anfwytadwy

edible / inedible

drwg / caredig

evil / kind

llawn cyffro / diflasu

excited / bored

tew / tenau

fat / thin

cyntaf / olaf

first / last

cyfaill / gelyn

friend / enemy

llawn / gwag

full / empty

caled / meddal

hard / soft

trwm / ysgafn

heavy / light

wedi newynnu / yn sychedig

hunger / thirst

yn sâl / yn iach

ill / healthy

anghyfreithlon / cyfreithiol

illegal / legal

deallus / twp

intelligent / stupid

chwith / dde

left / right

agos / pell

near / far

newydd / wedi'i ddefnyddio

new / used

dim / rhywbeth

nothing / something

hen / ifanc

old / young

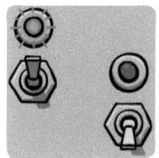

ymlaen / i ffwrdd

on / off

ar agor / ar gau

open / closed

tawel / uchel

quiet / loud

cyfoethog / tlawd

rich / poor

cywir / anghywir

right / wrong

garw / llyfn

rough / smooth

trist / hapus

sad / happy

byr / hir

short / long

araf / cyflym

slow / fast

gwlyb / sych

wet / dry

cynnes / claear

warm / cool

rhyfel / heddwch

war / peace

rhifau

numbers

0

sero

zero

1

un

one

2

dau

two

3

tri

three

4

pedwar

four

5

pump

five

6

chwech

six

7

saith

seven

8

wyth

eight

9

naw

nine

10

deg

ten

11

un deg un

eleven

12

un deg dau

twelve

13

un deg tri

thirteen

14

un deg pedwar

fourteen

15

un deg pump

fifteen

16

un deg chwech

sixteen

17

un deg saith

seventeen

18

un deg wyth

eighteen

19

un deg naw

nineteen

20

dau ddeg

twenty

100

cant

hundred

1.000

mil

thousand

1.000.000

miliwn

million

Saesneg

English

Saesneg America

American English

Tsieinëeg Mandarin

Chinese Mandarin

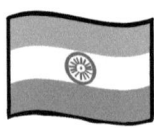

Hindi

Hindi

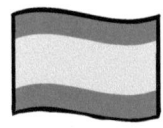

Sbaeneg

Spanish

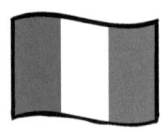

Ffrangeg

French

Arabeg

Arabic

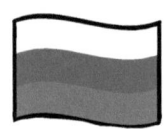

Rwseg

Russian

Portiwgaleg

Portuguese

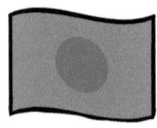

Bengali

Bengali

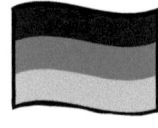

Almaeneg

German

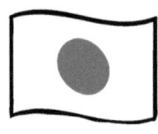

Siapanaeg

Japanese

fi

I

ti

you

ef / hi

he / she / it

ni

we

chi

you

nhw

they

pwy?

who?

beth?

what?

sut?

how?

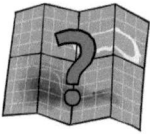

ble?

where?

pryd?

when?

enw

name

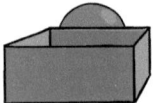

y tu ôl i

behind

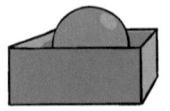

yn / yng / ym / mewn

in

o flaen

in front of

dros

over

ar

on

dan

under

wrth ochr

beside

rhwng

between

lle

place